A. M. D. G.

LES

NOCES D'OR

DE

M. L'ABBÉ GENTY

Chanoine honoraire, premier Vicaire de la Basilique

CÉLÉBRÉES A SAINT-QUENTIN

LE SAMEDI 13 JUIN 1885

PRIX : 50 CENTIMES

AU PROFIT DE LA CHAPELLE DE SAINT ÉLOI

SAINT-QUENTIN

IMPRIMERIE DE J. MOUREAU ET FILS

1885

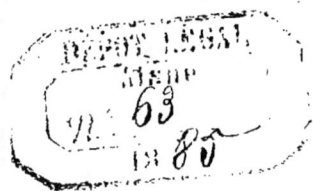

LES NOCES D'OR

DE M. L'ABBÉ GENTY

A. M. D. G.

LES

NOCES D'OR

DE

M. L'ABBÉ GENTY

Chanoine honoraire, premier Vicaire de la Basilique

CÉLÉBRÉES A SAINT-QUENTIN

LE SAMEDI 13 JUIN 1885

PRIX : 50 CENTIMES

AU PROFIT DE LA CHAPELLE DE SAINT ÉLOI

SAINT-QUENTIN

IMPRIMERIE DE J. MOUREAU ET FILS

1885

Monsieur l'abbé Félix-Marie-Éloi GENTY,
CHANOINE HONORAIRE.

Né a Lamballe (Côtes-du-Nord) le 13 février 1799 ;

Fait ses premières études au collège de Saint-Brieuc ;

Engagé volontaire dans le 4ᵉ léger en 1819 ;

Fait la campagne d'Espagne en 1823, comme sous-officier et assiste a la prise du fort Lorca ;

Nommé lieutenant, le 1ᵉʳ octobre 1830 ;

Prend part a la première expédition de Belgique, contre les Hollandais, en 1831 ;

Proposé pour le grade de capitaine en 1832 ;

Donne sa démission pour entrer au grand séminaire de Soissons, 1832 ;

Ordonné prêtre le 13 juin 1835 ;

Nommé vicaire a Saint-Quentin la même année ;

Chanoine honoraire le 24 aout 1852 ;

Aumônier de la Charité, en 1865 ;

Décoré de la Légion d'honneur 1ᵉʳ aout 1868.

A LA BASILIQUE

C'est le samedi, 13 juin 1885, que M. l'abbé Genty avait le bonheur d'accomplir sa cinquantième année de prêtrise.

Cinquante ans de sacerdoce dans une même paroisse, c'est là un fait bien rare dans les fastes du clergé, où la vieillesse n'est pourtant point chose inconnue. Aussi les nombreux amis de M. Genty, dont le nom seul éveille aussitôt l'idée de bonté, de charité, d'abnégation, appelaient de tous leurs vœux ce grand anniversaire. Seul, ce prêtre modeste dont la devise a toujours été cette parole si connue de l'imitation : « *Ama nesciri et pro nihilo reputari* » refusait ces honneurs qui lui étaient dus cependant à tant de titres. Depuis cinquante ans, en effet, que Dieu l'a envoyé dans notre cité, que de misères secourues, que de tristesses consolées par ce cœur d'apôtre, dont le dévouement ne connaît pas de bornes ! Il n'a rien moins fallu que les instances réitérées de Sa Grandeur Mgr Thibaudier et de M. l'Archiprêtre, pour triompher de son humilité. Il consentit enfin, mais à la condition expresse que la fête garderait un caractère de simplicité en rapport avec ses goûts.

On le lui promit, et le dimanche, 31 mai, jour de la fête de la Sainte-Trinité, M. l'Archiprêtre, après avoir parlé au prône de la messe paroissiale des solennités qui devaient se succéder, dans la basilique, pendant la première quinzaine du mois de juin : neuvaine du Sacré-Cœur, première communion, confirmation, annonça aussi le jubilé sacerdotal de M. Genty.

Quelle voix plus autorisée et mieux informée que la sienne, aurait pu s'élever pour redire les vertus cachées et les mérites de ce serviteur de Dieu que la Providence associe à ses œuvres grandioses, et qui, depuis tant d'années, partage avec lui les fatigues et les consolations du saint ministère. Nos lecteurs nous sauront gré de reproduire ici, aussi exactement que possible, les paroles de M. l'Archiprêtre :

« Maintenant, Mes Frères, je vais vous faire une annonce qui vous sera tout particulièrement agréable, (bien que s'y joigne une *légère* question d'argent), c'est que bientôt nous célébrerons le jubilé sacerdotal, ou le cinquantième anniversaire de prêtrise du très estimé, très vénérable et très affectionné M. Genty. Ce cher et bon confrère, dont vous connaissez l'humilité et la modestie, ne voulait pas d'abord qu'on parlât de sa cinquantaine : « Je ne suis qu'un humble vicaire » répétait-il toujours. — Oui, assurément ; mais quel vicaire ! — Nous avions beau le prier, le presser ; Mgr l'Évêque de Soissons daignait même unir ses instances aux nôtres ; le vénérable et trop modeste confrère se montrait inflexible. Il est *Breton*, c'est-à-dire, homme de volonté énergique et persévérante. Pourtant il a fini par se souvenir que sa résidence de cinquante années au milieu de nous lui donne le droit de se plier aux usages des *Picards*, usages consacrés par le proverbe; et il s'est *ravisé*. Mais il n'a consenti à faire son jubilé sacerdotal qu'à la condition expresse qu'il ne serait adressé aucune invitation, ni à Saint-Quentin, ni au dehors, et que la cérémonie se bornerait à une messe basse dite par lui, pendant laquelle des chants liturgiques seraient exécutés. Nous avons dû, bien qu'à regret, accepter ces conditions.

Donc, Mes Frères, le samedi, 13 juin, à onze heures du matin, M. l'abbé Genty dira la messe de cinquantième anniversaire de son ordination sacerdotale, au maître autel de la basilique.

Il sera assisté par deux anciens vicaires de la paroisse ; Sa Grandeur, Mgr l'Évêque de Soissons, qui sera au milieu de nous depuis quelques jours, présidera la cérémonie, à son trône pontifical. Ce jour-là, toutes les cloches de la basilique seront mises en branle, dès six heures du matin ; elles sonneront en outre à diverses reprises, de dix heures à onze heures, pour annoncer la solennité. Je n'ai pas besoin de vous dire que nous comptons sur une très édifiante et très nombreuse assistance.

Arrivons maintenant à la question d'argent, question, Mes Frères, que je ne crains jamais de traiter avec vous ; car vous savez y répondre avec une générosité persévérante et devenue proverbiale.

A l'occasion de tout jubilé sacerdotal, il est d'usage d'offrir un cadeau de bon souvenir et de reconnaissance au prêtre jubilaire. Nul de vous ne voudrait manquer à cet usage, aujourd'hui surtout qu'il s'agit de célébrer le jubilé sacerdotal du très bon et très populaire abbé Genty. Nous avons prévenu d'ailleurs ce digne et estimable confrère que le clergé, les membres du Conseil de fabrique et ses nombreux amis, s'inscriraient assurément en tête d'une liste de souscription, à l'effet de lui offrir ce cadeau. Mais il nous a répondu que, pour lui-même, il ne veut absolument rien ; qu'il verra toutefois avec grand plaisir que des offrandes soient faites pour la basilique, la première et la seule église à laquelle il ait été attaché comme vicaire, *sa privilégiée, son unique*. De là est venue l'idée de marquer, par un travail important exécuté dans notre église, la circonstance exceptionnelle de cette solennité jubilaire, dont nous voulons que le souvenir se conserve longtemps et longtemps, dans les générations qui vont se succéder.

Bien certainement, Mes Frères, une vie sacerdotale comme celle de M. l'abbé Genty, vie qui, très heureusement pour nous, se continue toute vigoureuse et toute jeune, alors que quatre-vingt-sept ans d'âge pèsent sur elle, n'a pas besoin d'un signe autorisé et d'un monument authentique pour rester profondément gravée dans notre pensée et dans notre cœur. Elle y est; elle y remplit une grande place bien légitime. Nous avons mieux que le souvenir, nous avons la possession de cette vie sans cesse perpétuée par la présence aimée de celui que vénèrent nos regards et notre cœur attendris. Mais l'admiration, Mes Frères, mais l'hommage, mais la reconnaissance ont besoin de s'exprimer ; mais le temps qui passe, l'heure qui s'écoule, le moment qui fuit, ont besoin de se marquer, de se graver, s'il le faut, dans un monument durable, afin de rester dans le souvenir permanent de la postérité.

Voilà un digne et saint prêtre qui, pour arriver autrefois au sacerdoce et venir au milieu de vous, comme vicaire, modeste vicaire, toujours vicaire, a dû passer, par déférence pour la volonté de ses parents, par douze années d'un service militaire qui n'était pas dans ses goûts, parce qu'il n'était pas dans sa vocation. Élève ensuite au grand séminaire, où il se montra simple et souple comme un enfant, lui, l'ancien lieutenant qui avait fait la guerre d'Espagne, il arrivait à Saint-Quentin, en l'année 1835. Et depuis lors quel zèle, quel dévouement, quel esprit de sacrifice n'a-t-il pas manifestés ! quelle charité miséricordieuse n'a-t-il pas montrée, lui, le bon père, le père des pauvres, le père de tous ! La sainte Écriture nous défend de *louer les personnes vivantes ;* aussi je ne m'étends pas davantage. Mais, je vous demande simplement, Mes Frères, si une telle vie plus belle et plus généreuse que je ne puis le dire, ne doit pas avoir, dans la basilique son souvenir marqué, son signe authentique, permanent.

Aussi, Mgr notre Évêque, consulté par nous, a-t-il pensé qu'à l'occasion et en mémoire de la cinquantième année de prêtrise du très vénérable et très vénéré M. Genty, une chapelle devait être restaurée et décorée, dans la basilique, sous le vocable d'un de ses saints patrons. Il s'appelle Félix, Éloi. Nous choisissons le vocable de saint Éloi, parce que ce nom est populaire dans nos contrées. Saint Éloi n'était-il pas évêque de Noyon, siège supprimé, duquel relevait autrefois la ville de Saint-Quentin? N'est-ce pas saint Éloi, qui, au septième siècle, a trouvé comme miraculeusement le corps de saint Quentin, ici, tout près, à l'entrée du chœur actuel, toutes traces de la sépulture première ayant été perdues au milieu des invasions et des guerres qui se succédaient alors dans nos pays ? Le nom de saint Éloi n'est-il pas intimement lié à la pratique miséricordieuse de la charité ? C'est de la maison du charitable évêque de Noyon, que son docte biographe, saint Ouen, a dit que : « là où l'on voyait les pauvres rassemblés en grand nombre, on pouvait assurer que c'était la demeure de saint Éloi. »

La chapelle que nous devons restaurer est celle qui est placée au haut du collatéral sud du chœur, près du portail dit des *Enfants de chœur*. La dépense totale sera de quatorze à seize mille francs ; les travaux devront commencer prochainement.

Une souscription est ouverte dès aujourd'hui, Mes Frères, à la sacristie, et le registre qui contiendra les noms des généreux souscripteurs, sera appelé le *Livre d'or de la reconnaissance*. Je dis le registre qui contiendra les noms, car autant que possible, Mes Frères, vous voudrez faire inscrire votre nom, pour votre satisfaction personnelle, pour la satisfaction aussi du digne et vénéré prêtre, auquel vous aimerez à donner ce témoignage de votre affection pleine de gratitude. Combien sera-t-il heureux, parcourant le registre, d'y lire des noms aimés et estimés ! Hélas ! comme tous les vieillards, il craint parfois d'être mis en oubli. Au besoin d'ailleurs il solliciterait lui-même des dons pour cette chapelle. Vous lui prouverez, par votre offrande nettement énoncée, que vous savez vous souvenir et vous souvenir généreusement; que d'ailleurs il est de ceux qu'on n'oublie pas, et dont la mémoire suscite la reconnaissance et provoque la bénédiction. »

Les nombreux amis de M. Genty s'empressèrent de répondre à l'appel de leur vénéré pasteur et, au jour fixé, la vaste basilique se remplissait d'une foule nombreuse et recueillie, heureuse de témoigner en cette circonstance son respectueux attachement au héros de la fête. Aussi, cette solennité chrétienne, couronnant cinquante années de sacerdoce dépensées au service de Dieu et des âmes, a-t-elle été plus touchante encore qu'à l'ordinaire.

La présence de Monseigneur lui donnait un éclat particulier.

Dans les stalles du chœur, des personnes de distinction occupaient des places d'honneur à côté des membres du conseil de fabrique. Un groupe d'officiers, ayant à leur tête M. le colonel, honoraient de leur présence celui qui, avant de se donner à Dieu, consacra treize ans de sa vie à la défense de la patrie, et mérita, par ses services signalés, de voir briller sur sa poitrine l'étoile des braves. Auprès des membres de la Conférence de Saint-Vincent-de-Paul, se trouvaient des groupes nombreux d'ouvriers, les membres du patronage, les élèves des Frères, les enfants de l'Orphelinat, différentes pensions. Digne cortège de celui qui fut toujours le père des pauvres, des ouvriers et des orphelins !

A onze heures, le chant joyeux des cloches annonce à la cité en fête que le saint Sacrifice va commencer. Pendant que les grandes orgues lancent dans l'espace leurs flots d'harmonie, le vénérable octogénaire, précédé d'un nombreux clergé, et assisté de MM. Guyart et Mathieu, vicaires généraux, s'avance vers l'autel, avec cette sérénité majestueuse que Dieu lui-même a déposée sur son front comme un rayon anticipé de sa gloire. Monseigneur prend place à son trône pontifical ; à la vue de ce spectacle si touchant, un pieux frémissement parcourt l'assemblée, et bien des yeux se remplissent de larmes.

Le saint Sacrifice commence et se poursuit sous ces suaves émotions doucement entretenues par les chants du chœur. Un groupe d'artistes chantent, avec la maîtrise, le magnifique *Kyrie* de la messe composée par M. Vatin; à l'élévation, MM. les abbés Mignon et Génart interprètent, avec un religieux succès, un très bel *O Salutaris* de Della Maria; à l'*Agnus*, MM. Verneuil et Sinsoilliez ne sont pas moins heureux dans leur morceau pour orgue et violon.

Après le dernier Évangile, Monseigneur donne solennellement la bénédiction épiscopale, puis M. Genty entonne le *Te Deum*, chanté en faux bourdon par la maîtrise avec un indescriptible enthousiasme. Le clergé retourne ensuite processionnellement à la sacristie. Là, des centaines d'hommes se précipitent pour féliciter le héros de cette touchante manifestation. M. le colonel et des officiers du 87me s'empressent d'offrir leurs compliments à leur ancien et vaillant frère d'armes. Les membres du Conseil de fabrique, les Conférences de Saint-Vincent-de-Paul, saluant en lui le « *père des pauvres*, » viennent aussi féliciter et embrasser le prêtre jubilaire.

A L'INSTITUTION SAINT-JEAN

Une fête plus intime attendait le vénérable vieillard à l'Institution Saint-Jean, à l'issue de la Première Communion et de la Confirmation.

M. le Supérieur avait voulu, dans cette circonstance solennelle, témoigner une fois de plus son attachement sincère et son admiration profonde à celui dans l'intimité duquel il eut le bonheur de passer les premières années de sa carrière sacerdotale. Avec cette générosité qui caractérise son grand cœur et cette délicatesse dont il a le secret, il organisa une fête de famille, sans épargner rien de ce qui pouvait lui donner tout l'éclat dont elle était digne.

Dans la salle du banquet, le portrait de M. Genty fut placé entre deux drapeaux, pour rappeler que le vieux serviteur du Christ avait été d'abord un preux défenseur de la patrie. L'arrivée du vénérable octogénaire s'appuyant sur le bras de Monseigneur, excita les applaudissements enthousiastes d'une jeunesse impatiente de témoigner à Sa Grandeur l'hommage de sa filiale affection, et au vieil ami de Saint-Jean, la joie de le posséder au milieu d'elle, dans un jour si beau et deux fois béni.

Mais il ne suffisait pas de parler aux yeux. Une voix devait s'élever, pour chanter ce double amour de la France et de l'Église, qui fit toujours battre le cœur du bon prêtre : ce fut celle de la Poésie. M. l'abbé Carbonnier, professeur de seconde, fit lire une charmante pièce de vers d'un de ses élèves, M. A. Malézieux. Ce beau morceau, célébrant à la fois le prêtre et le soldat, a été chaleureusement applaudi : C'est qu'en effet, il traduit fidèlement les sentiments de tous, et retrace les glorieuses étapes de la vie si bien remplie de M. l'abbé Genty. Nous nous faisons un plaisir de le reproduire ici :

A Monsieur l'abbé Genty

Amis, rassemblons-nous et venons rendre hommage
A ce noble vieillard qui reçut en partage,
Dès ses plus jeunes ans, un cœur si valeureux,
Une âme de héros digne des anciens preux.
Saluons en ce jour, avec reconnaissance,
Le prêtre du Seigneur, le soldat de la France;
Célébrons ce Breton, cet enfant de l'Arvor,
Dont la tête est de fer, mais dont le cœur est d'or.
Il est fier ce vaillant d'être un fils de Bretagne,
D'avoir foulé la plage et la verte campagne,
Où grandit Du Guesclin et tant d'autres héros,
Qui dorment immortels au fond de leurs tombeaux :
O preux des anciens jours! chevaliers magnanimes,
Dont les noms glorieux sont partout synonymes
De bravoure et de foi : Beaumanoir, Du Guesclin,
Artus de Richemont, Clisson, Dugay-Trouin!
La terre des Bretons n'est pas dégénérée ;

Toujours elle est debout ; la puissante marée
Se brise en mugissant sur ses bords orgueilleux,
Et ses menhirs géants semblent braver les cieux.
O terre de granit ! A travers tous les âges,
Défendant ton honneur et tes sites sauvages,
Tu demeures vaillante et toujours tes enfants,
Dont les cœurs sont si fiers et les bras si puissants,
Gardent sur leur drapeau leur antique devise
De vivre et de mourir pour la France et l'Église.

. . . .

Genty, tout jeune encore, et ravi d'écouter
Les exploits des héros qu'il voulait imiter,
De son œil inquiet interrogeait l'espace,
Et lisait aux rochers la gloire de sa race.
Il aimait sa patrie, il aimait son Sauveur,
Offrant à tous les deux et son bras et son cœur.
Ces deux nobles missions dont son âme est éprise,
Il pourra les remplir sans craindre une méprise,
Car son cœur reste chaste et son bras vigoureux.
Il offre, le Breton, son sang si généreux
A sa France adorée, à sa seconde mère ;
Le chrétien, repoussant les plaisirs de la terre,
Sent que son cœur à Dieu voudrait se consacrer,
Mais un rude combat commence à s'y livrer.
Oui, la terre et le ciel se disputaient cette âme,

Ils se la disputaient, car elle était de flamme
Pour le vrai, pour le bien. Oh! le touchant combat!
La France le voulait pour être son soldat,
Pour porter triomphant sa sublime bannière,
Pour la faire flotter toujours vaillante et fière
Sur le champ du combat, sur le rempart fumant;
Et Dieu ne voulait pas lui céder son enfant.
Mais il a dix-huit ans, et la France l'appelle;
A l'honneur de sa race il restera fidèle;
En lui doit refleurir la vertu des aïeux. —
Le voilà donc soldat! Comme il serait heureux
De voler à la mort pour le pays qu'il aime,
Pour défendre du roi le sacré diadème!
—..... Il attendit longtemps; la paix régnait partout.
Quand un jour, un cri monte, et la France est debout!
« C'est la guerre Français! c'est la guerre en Espagne!
La révolte envahit la plaine et la montagne,
Le bronze va tonner, les balles siffleront,
Mais sachons tous mourir, d'autres nous vengeront. »
Le Breton est heureux, enfin l'on va se battre;
Il ne tremblera pas, fut il seul contre quatre.
Dans ses yeux, sur son front, brille une noble ardeur,
La gloire lui sourit, la foi vit dans son cœur.
A la tête des siens, il assiège Grenade,
Monte au Trocadéro, brave la fusillade,

Et montre qu'un Breton, en face de la mort,
Quand son âme est en paix, a le bras toujours fort.

La paix lui fit bientôt abandonner l'Espagne. —
Les combats ont cessé; mais la gloire accompagne
Jusque dans ses foyers, le brave défenseur
D'un trône renversé par un peuple en fureur.
Pourquoi quitter l'armée? Ah! c'est que Dieu l'appelle;
Il ne veut pas qu'un jour, on dise : il fut rebelle.
Adieu donc les combats! A Jésus son Sauveur,
Le soldat maintenant veut consacrer son cœur.
Sous la main du pontife, au nom du divin Maître,
Il incline son front et se relève..... prêtre!
A lui donc désormais, à lui les indigents!
A lui les délaissés et les petits enfants!
A tous les malheureux que le monde abandonne,
Sa main s'ouvre toujours, cachant ce qu'elle donne.
Comme le bon Pasteur, le cœur rempli d'amour,
Sur son troupeau fidèle, il veille nuit et jour.
Penché sur le chevet du mourant qui réclame
Un baume à ses douleurs, le pardon pour son âme,
Le prêtre du Seigneur, ange de charité,
Ouvrant les portes d'or de la sainte Cité,
Au cœur du malheureux ramène l'espérance,
Et sa douce parole apaise sa souffrance.

Il fait sur le pécheur descendre le pardon
Et puis entre ses bras, sans craindre l'abandon,
Le moribond s'endort, et son âme s'envole
Brillante de clarté sous sa blanche auréole...

Sur le front du pasteur, cinquante ans sont passés,
Au service de Dieu cinquante ans dépensés !
Et depuis cinquante ans, que de larmes taries !
Que d'amères douleurs par le prêtre guéries !
Que d'aveux, ô mon Dieu, dans son cœur épanchés !
Que de chrétiens perdus à l'enfer arrachés !...
. . . .
Quoiqu'il ait fait le bien dans l'ombre et le silence,
Le *prêtre-vétéran* trouva sa récompense,
Car il reçut la croix, honneur bien mérité !
Pour prix de sa vaillance et de sa charité.
Oui ! l'étoile du brave est là sur sa poitrine,
Nous la saluons tous, et notre front s'incline
Devant cette vertu modeste et sans éclat,
Impérissable honneur du prêtre et du soldat !
La vieillesse ne peut refroidir son grand zèle,
Toujours il est debout, à son poste fidèle.
A ses pauvres toujours, il donne sans compter,
Il leur offre son pain, son toit pour s'abriter.

Il a pour les enfants des tendresses de mère
Et le pauvre orphelin en lui retrouve un père.
Quatre-vingt-six hivers ont blanchi ses cheveux,
Mais ils n'ont pas vaincu le fils des anciens preux.

Prions Dieu, chers amis, d'accorder à la France,
Pour être à l'avenir sa garde et sa défense,
D'aussi vaillants soldats qui conservent au cœur
Le culte du pays et celui de l'honneur;
Des prêtres dévoués, dont la noble devise
Soit de vivre et mourir pour la France et l'Église;
Des prêtres défendant, avec la même ardeur,
La cause de la France et celle du Seigneur :
Car la France les aime, et pour prix de leur zèle,
Le Christ leur garde au ciel une gloire immortelle !

Ceux de nos lecteurs qui ne connaissent pas M. Genty, seront tentés peut-être de ne voir, dans cette délicieuse poésie, que l'enthousiasme juvénile d'un humaniste habitué à prodiguer les fleurs de rhétorique. Il n'en est rien cependant; l'auteur n'a jamais caressé le téméraire espoir de gravir les flancs abrupts du Parnasse et d'atteindre ces hauteurs sereines, où les seuls favoris de la Muse vont cueillir les lauriers d'Apollon. Il a voulu tout simplement, sans aucune prétention littéraire, traduire de son mieux ses sentiments d'admiration pour les vertus du prêtre et du soldat. Les vrais amis de M. Genty aimeront à reconnaître qu'il n'y a pas trop mal réussi.

Celui qui plusieurs fois avait affronté, sans sourciller, le feu de l'ennemi, n'a pas pu, en cette circonstance, se défendre d'un certain tremblement, en face de cette redoutable armée d'alexandrins qui livraient à sa modestie un si furieux assaut.

Il se leva, et remercia dans un langage ému, ceux qui lui avaient ménagé cette belle fête. Puis, avec une sérénité admirable, il ajouta ces magnifiques paroles, dont lui seul ne paraissait pas attristé :

« Je n'ignore pas ce qu'est une cinquantaine, elle m'avertit que la fin de ma carrière approche, et qu'il me faut demander à tous mes frères dans le sacerdoce, une prière spéciale au *Memento*. »

La réponse avait été faite d'avance dans les deux dernières strophes d'un gracieux compliment offert à Monseigneur par M. l'abbé Madu, et lu par un des élèves de l'institution, à l'occasion de la double solennité qui réunissait à Saint-Jean le premier pasteur du diocèse et le vénérable jubilaire. La lecture de cette poésie fut maintes fois interrompue par les marques de la plus vive sympathie.

MONSEIGNEUR,

Le Dieu du ciel est venu sur la terre,
Et dans notre âme il a fixé sa cour ;
Tout est bonheur bien que tout soit mystère,
Nous ne verrons jamais un plus beau jour.

Jésus disait, ce matin : Mes délices,
Petits enfants, c'est votre cœur pieux,
C'est le plus pur de tous les purs calices,
Là, je me plais autant que dans les cieux.

A votre voix, de son trône de gloire,
L'esprit des forts, le Dieu des grands combats
Vient nous aider à gagner la victoire,
Parfaits chrétiens, nous serons bons soldats.

Et maintenant la famille est en fête,
Partout la joie et mille nouveaux chants ;
Sur chaque front le bonheur se reflète,
Dans ce beau jour, nous sommes triomphants.

Savant prélat que l'Église révère,
Puissent vos ans s'écouler dans la paix ;
Si l'égoïsme est permis sur la terre,
Nous vous disons : ne nous quittez jamais.

Plus d'un grand siège à votre préférence,
A votre zèle offraient des champs plus beaux ;
Mais Bossuet, la gloire de la France,
Fut-il moins grand, tout en restant à Meaux ?

Que nous aimons votre bonté touchante !
Si les enfants couraient vers le Sauveur,
Votre présence en ces lieux nous enchante,
Vers vous aussi, nous courons, bon Pasteur.

Pontife saint, que votre main s'incline,
Sa mission est de toujours bénir,
Obtenez-nous qu'une faveur divine
De tout danger préserve l'avenir.

A Monsieur le Supérieur,

Il est encor un père en cet asile,
Dont l'œil ami s'attache à tous nos pas,
Et si j'osais, (car l'éloge est facile,)
Je dirais tout, mais lui ne le veut pas.

A Messieurs les Professeurs,

Prêtres zélés, gardiens de notre enfance,
Maîtres choisis que Dieu nous a donnés,
A vous la fleur de la reconnaissance
Qui croît au cœur des disciples bien nés.

A Monsieur Genty,

Et vous, dont Saint-Quentin vénère la mémoire,
Salut ; ami du pauvre et soldat du Seigneur,
Vos brillantes vertus font des gerbes de gloire,
Salut, vous honorez la Légion d'honneur.

Au mérite caché nous voulions rendre hommage,
Et nous avons choisi cet aimable moment ;
Et comme les grands cœurs, paraît-il, n'ont
[point d'âge,
Après les noces d'or, celles de diamant.

Non, les grands cœurs n'ont pas d'âge ; voilà pourquoi M. Genty ne vieillit pas. C'était bien l'avis de Monseigneur. Car dans une réponse touchante, par un de ces contrastes pleins d'à-propos et d'une poésie qui fait vibrer les cœurs, Sa Grandeur associa à cette jeunesse *aux têtes blondes* que Notre Seigneur venait de visiter, cette autre jeunesse couronnée de *cheveux blancs* : « C'est avec vérité que le vénérable prêtre, malgré ses quatre-vingt-six ans, avait pu dire le matin, en montant à l'autel : *Introibo ad altare Dei ad Deum qui lætificat juventutem meam.*

Dans un temps où, trop souvent hélas ! on rencontre des jeunes gens vieillis avant l'âge, qu'il est beau de saluer un vieillard, qui a conservé toute la jeunesse de l'esprit, de l'imagination et du cœur ! Heureux ceux qui pratiquent la vertu : elle a le secret de l'éternelle jeunesse. »

Après l'hommage poétique du jeune étudiant à l'âme éprise des belles et nobles choses, après l'hommage si grave du Pontife heureux de bénir un de ses prêtres octogénaire et de nous proposer sa vertu, comme le secret de ne point vieillir, arrive l'hommage d'une amitié fraternelle.

Un vieil ami de M. Genty, évoquant dans ses vers le souvenir des vieux bardes de l'Armorique, a chanté dans des couplets pleins d'esprit, cette longue carrière si noblement remplie, puis, se tournant vers M. l'Archiprêtre, il lui a souhaité, pour l'achèvement de ses œuvres grandioses, de voir les longues années du vénérable octogénaire.

Au risque d'encourir le reproche d'abuser des fleurs... de rhétorique, nous reproduisons *in extenso* ces couplets où perce une légère pointe de malice gauloise, à l'adresse d'un certain travers de nos contemporains.

D'ailleurs, ne pouvons-nous pas, pour notre excuse, appliquer à M. Genty les paroles du poète, chantant la gloire du jeune Marcellus :

« ... Manibus date lilia plenis,
Purpureos spargam flores... »

LES NOCES D'OR DE M. L'ABBÉ GENTY

(13 juin 1885).

PAR UN DE SES VIEUX AMIS

I

Réveillez-vous, bardes de l'Armorique,
De vos menhirs entr'ouvrez le cercueil ;
Rendons hommage à la gloire authentique
D'un fils d'Arvor, sans fard et sans orgueil !
Chantons en chœur : « De cette âme si chère, »
« Le ciel se plaît à prolonger les ans ; »
« Vivez, vivez, aimable octogénaire ; »
« Que n'êtes-vous encor dans le printemps ! »
(*bis.*)

II

Le sombre hiver a ravagé nos roses ;
Frère, aux pourpris des vertus j'ai recours :
Sans ces pourpris riches en fleurs écloses,
Où l'indigent peut moissonner toujours ;

O sainte vie, en bienfaits si féconde,
Comment oser vous fêter dans mes chants ?
L'oiseau se tait lorsque l'aquilon gronde !
Ah ! que ne suis-je encor dans le printemps !
(*bis.*)

III

Ma tâche est lourde ; oui, mais elle est si belle !
Votre couronne, ô frère, est d'un or pur ;
J'aperçois là plus d'un ami fidèle ;
D'autres là-haut, vous chantent dans l'azur :
D'un saint prélat le cœur plein de tendresse,
Au ciel pour vous offre des vœux ardents,
Et mon bonheur oublie en son ivresse
Que je suis loin de mon joyeux printemps !
(*bis.*)

IV

Quand on vous voit, nature généreuse,
On croit revoir le Celte d'autrefois,
La dague au poing, la face radieuse,
Courant venger la patrie aux abois ;

L'hiver des ans n'éteint pas votre zèle ;
Vous accusez vos pas d'être trop lents
Quand la douleur gémit et vous appelle !
Que n'êtes-vous encor dans le printemps !
(*bis.*)

V

Votre famille appartient à la souche
De ces croyants, aux fiers et nobles cœurs,
Dont la vertu, sous la Terreur farouche,
N'a pas tremblé devant les égorgeurs !...
Famille heureuse ! Elle a sauvé des prêtres !
Qui mieux que vous rappelle aux descendants
Le caractère auguste des ancêtres ?
Que n'êtes-vous encor dans le printemps !
(*bis.*)

VI

Tu rends les corps et les âmes robustes,
Foi du chrétien qu'outrage un monde ingrat ;
Et, grâce à toi, douce est la mort des justes,
Que tu soutiens dans ce dernier combat !

Prêtre du Christ, instruit à son école,
Votre ange seul sait combien de mourants
Du Paradis vous doivent l'auréole !
Que n'êtes-vous encor dans le printemps !
         (bis.)

VII

Tel dit : A bas, nobles, princes, monarques !
Qui pourtant rêve au bonheur d'être grand !
Mais, ô vertu, quand on meurt sans ta marque,
En vain, du mort surfait-on le talent !
Sauf le portrait, rien de lui ne nous reste !...
Vous survivrez, vous, ici bien longtemps ;
Type charmant d'une vertu modeste !
Que n'êtes-vous encor dans le printemps !
         (bis.)

VIII

Point de repos pour vous depuis dix lustres,
Vaillant apôtre, humble et content de peu.
Combien de morts sont proclamés illustres
Et n'ont vécu que pour insulter Dieu !

Vous n'aurez pas de buste obligatoire ;
Mais dans le cœur du pauvre, et dans les cieux,
Vous aurez, frère, un trône, et votre gloire
Rejaillira sur vos derniers neveux. (*bis.*)

A Monsieur l'Archiprêtre,

Vous qui l'aimez d'une amitié de frère,
Qui l'abritez près de votre foyer,
Pasteur chéri, de sa longue carrière,
Puissent vos ans, parcourir le sentier !
Pour achever vos œuvres grandioses,
Et ramener la foi des anciens temps,
Au champ de Dieu vous semez tant de roses !
Que n'êtes-vous aussi dans le printemps !
(*bis.*)

Nous ne pouvons qu'indiquer ici les délicieux prolongements de cette fête continuée dans une charmante visite faite à M. l'abbé Genty par les Persévérantes et les Orphelines de la Charité. Une des jeunes filles, se faisant l'interprète des sentiments de filiale affection de ses compagnes, adressa le compliment suivant à celui qui, pendant vingt ans, prodigua ses conseils et ses soins aux jeunes Persévérantes et aux Orphelines :

Monsieur et vénéré Père,

Déjà un grand nombre de cœurs joyeux et émus se sont réunis autour de vous, saluant avec respect la brillante auréole que forment vos cinquante années de sacerdoce ; bien que nous ne soyons que la plus petite et la plus humble portion de cette paroisse, si heureuse de vous fêter, nous venons nous unir à nos maîtresses pour déposer à vos pieds l'hommage de nos vœux, et vous assurer du reconnaissant souvenir que vous conserve toute cette jeunesse dont vous êtes toujours le Père vénéré.

Digne disciple du divin Sauveur, comme lui vous ne dédaignerez pas d'abaisser sur nous vos regards de complaisance, d'ouvrir votre cœur aux doux épanchements de la piété filiale. Depuis trente ans vous venez à nous avec tant de bonté, laissez-nous donc vous rappeler ici ces nombreuses générations d'enfants auxquelles, pendant tant d'années, vous avez distribué le pain de la divine parole, cette chère *Association de la*

Persévérance que vous avez toujours entourée d'une si paternelle affection, cet *Orphelinat* que vous avez vu, avec un si bienveillant intérêt, naître et prospérer. Aussi, en cette fête si touchante, tous nos cœurs palpitent d'une émotion indicible ; nous sentons que nous ne vous dirons jamais assez les sentiments qui nous animent; puissions-nous jouir de longues années encore de votre présence ; daigne aussi le Dieu dont vous êtes l'apôtre embellir chacun des jours d'une vie si précieuse à notre ville tout entière. Saurait-il résister à nos vœux ce Dieu qui disait avec un sourire : *Laissez venir à moi les enfants !* Non, sans doute, nous avons la douce assurance qu'il entendra l'humble mais fervente prière, qui tous les jours s'échappe de nos cœurs; et vous, Monsieur et vénéré Père, vous daignerez accepter le faible hommage que viennent vous offrir, en ce jour si cher et si heureux, vos enfants respectueuses et reconnaissantes.

Après ce compliment, une gracieuse cantate a été chantée par les orphelines, heureuses en ce beau jour, d'offrir à M. Genty le *Merci de l'enfance :*

« Nous voulons vous offrir le « merci » de l'enfance, c'est un mot simple et court, il dit tout au bon Dieu. » Tel est le thème qui a été développé.

Ne pouvant insérer dans ces pages toutes les poésies qui ont été chantées ou récitées dans cette belle fête, nous nous reprocherions de passer sous silence les couplets chantés au vicariat par MM. les abbés Mignon et Génart.

Ier Couplet.

Debout, cité sainte !
Entends les échos,
La cloche qui tinte,
Au chant des oiseaux.
Écoute, frère, elle répète :
Voici venir les noces d'or.
Et l'on entend qu'un bruit de fête
Gronde, s'élève et dit encor :
  Vivat, Vivat.

Chœur.

O vieillesse bénie,
De nos chœurs l'harmonie
Vous célèbre en ce jour.

Vous charmez la souffrance,
Vous rendez l'innocence,
Vivez ! vous êtes notre amour.

2ᵉ Couplet.

Couronne, ô Bretagne,
Ce fils de tes preux,
Et toi, fière Espagne,
Le soldat fougueux.
Mais dans tes revers, noble France,
Son cœur, blessé de tes malheurs,
Toujours fidèle à l'espérance
Priait, pleurant sur tes douleurs.

3ᵉ Couplet.

Parlez, sainte Église,
De sa charité,
Voyez s'il s'épuise,
Trésor de bonté.
Aux pécheurs, sa main paternelle,
Ouvre les cieux, rend le bonheur ;
Sa foi, du cœur le plus rebelle,
Triomphe et chante le Seigneur.

4ᵉ Couplet.

A votre jeunesse,
Daignez, bon Pasteur,
Garder la tendresse
Brûlant votre cœur...
De vos vertus la souvenance
Sera pour nous un guide sûr,
Et dans la mort, pleins d'assurance,
Nous redirons d'un cœur plus pur :
   Vivat, Vivat.

AU PENSIONNAT DE LA CROIX

Le Pensionnat de la Croix ne voulut pas rester étranger aux témoignages de respect et d'attachement, que la ville de St-Quentin rendit à M. l'abbé Genty, à l'occasion de sa cinquantaine de prêtrise.

L'intérêt que ce vénérable prêtre n'a cessé de porter à cet établissement lui en faisait une douce obligation.

Le dimanche, 14 juin, Monseigneur s'étant rendu à la Croix pour la première Communion et la Confirmation, les religieuses et les élèves profitèrent de la présence de Sa Grandeur pour donner un peu plus d'éclat à la petite fête qu'elles improvisèrent.

Une estrade d'honneur, entourée d'arbustes, fut placée dans le jardin ; des guirlandes de fleurs se mêlaient au feuillage des arbres ; quelques élèves chantèrent les couplets suivants :

Chantez, chantez, chère jeunesse,
Donnez cours à vos purs élans.
Trois fois honneur aux cheveux blancs
Auprès desquels chacun s'empresse !

REFRAIN.

Gloire à vous, Prêtre vénéré ;
A vous en ce jour notre hommage.
Ici votre nom révéré,
Toujours fut béni d'âge en âge.

Pour la Patrie et pour l'Église,
Dès longtemps bat son noble cœur ;
Il ne connaît que la valeur,
Vaincre ou mourir est sa devise.

Combien est beau, combien sublime,
Son héroïque dévouement !
Non, jamais il ne se dément
Dans ce cœur cent fois magnanime.

Soudain d'une gloire éphémère,
Le plus vaillant des officiers,
Abandonne tous les lauriers
Pour servir le Dieu de sa mère.

A l'autel, sa main consacrée
Par le plus insigne des choix,
Offre, pour la première fois,
La victime pure et sacrée.

O jour de suaves ivresses !
Depuis, cinquante ans ont passé ;
Quel trésor ils ont amassé !
Dieu seul peut compter ces richesses.

Il adoucit toute souffrance ;
Vers le Ciel, il guide les pas,
Soutient dans les derniers combats,
Ouvre ses mains à l'indigence.

A son mérite qu'il ignore.
On décerne la croix d'honneur.
L'éclat en est moins enchanteur
Que les qualités qu'elle honore.

Nul cœur qui n'aime et ne bénisse
Le nom du bon *papa GENTY !*
Les échos en ont retenti,
Et sans que sa gloire en pâlisse.

Mon Dieu ! bénis sa cinquantaine !
Écoute encor le cri du cœur :
Qu'il goûte toujours le bonheur !
Donne-nous de voir sa *Centaine !*...

Mlle Marie Lécuyer adressa à M. Genty un compliment dont le cœur fit tous les frais :

Monsieur le Chanoine,

Les échos de la ville qui retentissent d'un nom chéri et vénéré, vibrent aussi dans les cœurs des Mères et des enfants de la Croix, pour redire : Oui, louange et bénédiction à la vertu, au dévouement qui comptent plus de quatre-vingts années d'existence ! Honneur à un sacerdoce d'un demi-siècle ! Hommage, trois fois hommage à ce noble front que décorent des cheveux blanchis au service de la France et de l'Église. Au-dessus de cette couronne de neige embellie des fleurons d'or de toutes les vertus, nous entrevoyons celle de l'immortalité que Dieu réserve dans la gloire à ses ministres fidèles. Mais avant qu'elle orne votre tête vénérable, Monsieur le Chanoine, nous désirons vivement voir pendant quatorze étés encore, l'arbre de votre vie refleurir, donner ses fruits et son ombrage délicieux, dans ce parterre béni, qui a pour nom Saint-Quentin. Là, au pied d'une modeste Croix, de petites fleurettes demandent, dans leur langage muet, la douce rosée de vos prières, et pour vous, Monsieur le Chanoine, le radieux soleil des grâces et des bénédictions du Ciel. »

La joie était sur tous les visages et Sa Grandeur, par son air souriant et paternel, ajoutait encore aux charmes de cette fête, à laquelle MM. les grands-vicaires et le clergé de Saint-Quentin avaient bien voulu prendre part.

Telle fut cette fête, à la fois si touchante et si populaire. La mémoire en restera longtemps gravée dans le cœur de tous les habitants de Saint-Quentin.

Pour la perpétuer, les amis de M. Genty, répondant aux vœux de M. l'Archiprêtre, sont venus en grand nombre déjà inscrire leurs noms sur le *Livre d'or de la reconnaissance*. Grâce à ce concours si généreux et si unanime, les générations futures retrouveront, dans la chapelle restaurée de Saint-Éloi, le magnifique et digne mémorial de cette fête d'impérissable souvenir.

SAINT-QUENTIN. — IMP. J. MOUREAU ET FILS.

www.ingramcontent.com/pod-product-compliance
Lightning Source LLC
LaVergne TN
LVHW051510090426
835512LV00010B/2456